絵とエッセイでつづる
ヨーロッパの旅

内田ひとみ

文芸社

もくじ

フランス
　　モンマルトルの階段　4
　　パリの並木道　6
　　テルトル広場　8
　　パリのカフェ　10
　　マドモアゼル　12
　　パリの花屋　13
　　エズの村　14
　　カルカソンヌ　16
　　ブルーひまわり　18
　　アルザスの町　20
　　Laurie　22

ドイツ
　　路地　24
　　ブルクガッセ　25
　　ブルクホテル　26
　　チュービンゲン　28
　　ポピー　30
　　フュッセンの木　31
　　ニュルンベルクの冬　32
　　ドイツの風景　34
　　吊り看板　36

オーストリア
　　牧場のひまわり　38
　　ザルツブルクの小路　40
　　庭先の花車　42
　　バラ　44

イタリア
　　トスカーナの夕焼け　46
　　ポルトフィーノ　47
　　コルチナ ダンペッツィオ　48
　　ドロミテの山　50
　　コルチナ周辺　51
　　あじさい　52
　　ルガノのホテルにて　54
　　ベニスにて　56

ギリシャ　ベルギー
オランダ　スイス
　　ギリシャの猫　58
　　ベギン会修道院の庭　60
　　愛の湖　61
　　陽のひかり（?）　62
　　マーストリヒトの夕暮れ　63
　　道端に咲く花たち　64

C'est la vie　　　　　　　　66

フランス

モンマルトルの階段
パリの並木道
テルトル広場
パリのカフェ
マドモアゼル
パリの花屋
エズの村
カルカソンヌ
ブルーひまわり
アルザスの町
Laurie

モンマルトルの階段

この界隈を歩いていると全てが絵の題材になってしまうような…
どうしてこんなに素敵なのかしら…と思いながら歩きます。
若葉の頃、太陽の光を受けた樹々の色、枯葉の秋、そして
葉無しの冬。季節の変わるたびに、この階段の姿も
雰囲気が変わり、それぞれの"絵"を楽しめる気がします。
上から下に下っていく感じが、この絵に出ているかどうか…？
外灯と石の階段と緑の樹々を描きたくなりました。
なかなかむずかしいです。でも、ほんの少しでもその雰囲気が
出たらいいな…と思い、描いた絵です。
初めてこの階段を見た時、感激しました。「あ〜、私は
今、パリに居るのだわ〜!!」…と。
モンマルトルの丘をあちこちぶらぶら歩くのは、それだけで
楽しい!! サクレクール寺院、テルトル広場、少し歩いて
ラパンアジル（シャンソニエ）やぶどう畑…。
たくさんの美術館を見るのも嬉しいですが、パリの街、
この丘、そんな所をただ歩き廻ることが充分楽しいのです。
そして歩き疲れたら、カフェのテラスでお茶を飲みながら
目の前を歩き過ぎる人達の姿を眺めたりするのも又、楽しい
のです。少〜し、現実とは離れた空間が持てそうな
パリの雰囲気、大好きです。
モンマルトルの階段をパリジェンヌになったつもりで歩きました。

フランス 5

パリの並木道

晩秋のパリは素敵です。「♪枯葉散る〜夕暮れはァ〜来る日の寒さをものがたりィ〜雨に…♪」という五輪真弓の唄がぴったり…。いろいろな季節が似合うパリですが「枯葉の頃のパリ」が好きです。若葉の頃のシャンゼリゼも好きですが…。コートの衿を立ててパリの街を歩く人、セーヌ河のほとりに佇む人、みんな絵になってしまいそう。この絵は2000年の秋。パリを訪れた際、ホテルの近くで写真を撮ったものを絵にしてみたのです。秋といっても冬に近い頃の…とても寒いパリでした。

フランス 7

テルトル広場

モンマルトルの丘にある絵描きさんがたくさんいる広場。きれいな絵がズラリと並んで、思わず見入ってしまうのです。似顔絵専門の人もいます。「イチマイ、イカガデス?」...と日本語で誘いかけてくるのです。
パリの風景を描いたものや、花を並べたものや、いろいろきれいな色で描かれた絵を見ているだけで嬉しくなります。パリで一日フリータイムがあったら、ぜひこの広場でのんびりと時を楽しみたいです。
テルトル広場のすぐ先に、もうひとつ小さな広場...というより空き地のような所があって、そこで小さな"ワイン祭り"をやっていました。赤ワインのグラス1杯 10F (フラン) で買って、アコーデオン弾きや歌い手たちが好きに唄っているのを通りがかりの人々が足を止め、一緒になってシャンソンを唄い合う風な...。ワインとシャンソンと...そして人と...。私たちも勿論、ワイングラス片手に、その場に溶け込みました。パリの思い出です。

フランス 9

パリのカフェ

パリのカフェ

何故でしょうか？ パリのカフェのテーブルは、小さく丸いのが多いです。そのテーブルのまわりを人が囲んでおしゃべりをしている。そんなのをよく目にします。
パリではよくカフェに入ります。少〜しだけ、パリの人の雰囲気を味わいたい…と思うのです。
ギャルソンに「アン・カフェ、スイルブプレ」と言うのです。何かフランス語が話せるような気分で。カフェ…でなくキャフェ…って言ってみたりも…。この絵はちょうど、このカフェに入る前に撮った写真を絵にしたものです。椅子にすわって ゆっくりとパリの街の様子を眺め、「あ〜、やっぱり パリは素敵‼」とつぶやくのです。

フランス

マドモアゼル

パリの花屋

フランス 13

エズの村

"鷲の巣村"という断崖絶壁の頂にあるエズの村。モナコやニースからも近く、コートダジュールの美しい海を臨む、何とも美しい村です。フラゴナール香水社で香水の出来る過程を見学したあと、この村を訪れます。坂道の路地の両側には可愛らしいお店が続きます。ひまわりの花の造花や小物入れ、きれいな額に入った絵、ハーブや香水のびんや、いろいろ、見ているだけで楽しいです。
山の一番高いところに熱帯公園があり、そこから眺める地中海の海のブルーのなんときれいなこと!! キラキラ、光り輝くブルーが遠く続き、時にはコルシカ島も見えるそうです。村をひとめぐりしてからホテルのテラスでアイスティーを飲んでひとやすみです。村の一番奥まったところのホテルが、また、なかなか良いのです。そこには泊ったことはありませんが、いつか、きっと…なんて思ったりします。
熱帯公園の入口の脇に、私の好きなお店があります。店内に所狭しと洋服や帽子やショールなど並べてあってどれも、いかにもフランスのもの〜、という感じで、そこのお店のマダムが本当にオシャレなフランス人なのでして。白い麻のワイシャツとか麻で出来たワンピースなど、たまに買ったりします。この絵はぶらり歩いていた時に目に止ったものを描きました。この村には絵にしたい景色があふれています。

フランス 15

カルカソンヌ

南フランスの城郭都市、カルカソンヌ。
お城の形がとてもきれい。特に夜に見るこのお城は
すばらしいのです。夢のよう!! コンタル城といいます。
中世ヨーロッパ最大の城壁だったとか…。フランスでは
「カルカソンヌを見る前に死ぬな」と言われているそう。
イタリアでは「ナポリを見て死ね」ですが…。
城門からこのお城に続く道並みもなかなか楽しいです。
南フランスを訪れるなら他にも ルルド (奇跡の水を
飲むことで有名) や、ゴルド、トゥルーズ…他にも いろいろ。
フランスの田舎は良いです。

フランス 17

ブルーひまわり

ゴルド（南仏の町）の朝市での店先に飾られていた造花のひまわり。きれいな花たちが並び、ワイン屋さんの店先には地元のワインたちがズラリ～。ラベンダーの香り袋や石けん、香水 etc etc～。どの店もとてもオシャレなのです。フランスの田舎の人々の顔は 日やけして、健康そう～!! そのまま、映画の中のシーンでした。太陽あふれる南仏の朝市。手作りジャム、ケーキ、チーズ…いろんな物が並んでいました。

フランス 19

アルザスの町 "ストラスヴール"

この町には古い家並みや大聖堂など見どころはたくさんありますが、私は、プティ・フランスという場所が好きです。古い木造家屋が並び、ベランダが川の上まで張り出ていたり運河とその周辺の風景がすばらしいのです。ゆっくりと散策したい所です。ストラスヴールから少し足を延ばすとすぐドイツ。…という事で、この町ではドイツ語も話されています。バーデンバーデン(ドイツ)を訪れた時にちょっと立ち寄ったこともありました。この町で名物のシュークルートを食べます。ドイツではザワークラウトと言ってキャベツの酢漬けの事です。塩漬けにしたキャベツを乳酸菌で発酵させます。ドイツではソーセージに添えたりして出されますが、ここではメインとして(ハムやソーセージと混ぜて)出てきます。Strasbourg を仏語でストラスヴール、独語でシュトゥラスベルグ、と発音します。昔、独仏の戦争の時には、独語の発音で呼ばれていたそうです。
アルザス・ワイン街道というのがあって、7つの有名な銘柄のワインがあるとの事です。アルザス・ミュスカという白ワインが私は気に入っています。赤ワインならピノ・ノワール。いろいろ料理に合わせて飲んでいます。ストラスヴールから1時間程のところにあるコルマールという町も素敵です。赤いゼラニウムが、家々の窓辺に飾られ、木組みの家やれんが色の屋根やそれら全てが絵の様です。こちらの町に何日か滞在して思う存分、絵を描いて過ごしてみたいです。いつの日か…

フランス 21

Laurie (ロ-リ-)

ドイツ

路　地
ブルクガッセ
ブルクホテル
チュービンゲン
ポピー
フュッセンの木
ニュルンベルクの冬
ドイツの風景
吊り看板

路地

<u>ブルクガッセ</u>

ローテンブルクの町のワンスポット。ブルクというのはお城のこと。ガッセは通りです。この道はブルク公園に続いています。昔、お城があった公園です。
ロマンティック街道上にあるローテンブルクは中世の時のままの状態で今に至っています。(勿論、完全とは言えないですが)歩いていると、車も現代的な看板もなければ、まるで中世にタイムトリップした様な気になってしまいます。

ドイツ 25

ブルクホテル

ローテンブルクにある小さなホテル。何年か前、ここの女主人が雑誌で取上げられたのを読んだことがあります。
こんな可愛いらしいホテルに泊まるのもいいな…なんて思ったりします。この時、たまたまホテルの前で天使のような顔をした坊やがいたのです。花をじっと見つめるその表情が、なんともかわいらしくて思わずカメラのシャッターを!!

ドイツ 27

チュービンゲン

3月にぶらりと友達とふたりで旅をしてきました。ドイツを。チュービンゲンの駅におりてすぐインフォメーションに行き、その日の宿泊ホテルを探しました。お城の入口近くの、こざっぱりしたホテルに決め、さっそく荷物を置いて街の中を散策です。中世の家並みが続き、石畳の道があり、ドキドキ、ワクワクする程すてきでした。初めてこの街を訪れた時、いつか、ゆっくりとこの街を歩いてみよう...と思ったのです。
お昼にレストランでマウルタッシェ（ドイツ風ラビオリ）を食べました。勿論、白ワインといっしょに。
歩き疲れて学生たちの集まるカフェでひと休み。とにかく学生の街でもあるので、彼らが集まるカフェの多いこと！！一日でとりあえず見るべき所をクリアしてホテルに戻り、夕食はホテルのレストランでゆっくりと。翌日、朝食の時にドイツ緑党、党首のクラウディア・ロートがとなりのテーブルでコーヒーを飲んでいました（とても忙しそうに...）。ちょっとライザ・ミネリに似た、素敵な女性でした。
それと、この時、テーブルに並んでいたパンがとてもおいしかったのでした。ドイツのパンはすごくおいしいです。ライ麦パン、固い黒パン、まあるいパン、どれもこれも美味。かみごたえ有りで、歯にもよさそう。そういえばチュービンゲンの街にはとにかくパン屋さんがたくさん有ったような気がします。それも、全部買い占めたいようなおいしそうなパンが並んでいました。勿論、買いました、いくつか...。

ドイツ 29

ポピー

30

フュッセンの木

ドイツ 31

ニュルンベルクの冬

今迄あまり行きませんでしたが、12月のクリスマス市を見に行きました。ドイツの12月はどこの街でもクリスマス市の飾りがとてもきれい。フランクフルト、ヴュルツブルク、ケルン、ミュンヘンなどには行ったのですが、ニュルンベルクは初めてでした。この街はクリスマス市で有名です。それからニュルンベルクソーセージ。小さなのがお皿に8コから10コくらい並んで出てきます。ワーグナーのオペラ「ニュルンベルクのマイスタージンガー」はこの街が舞台です。冬のクリスマス市はドイツ国内でも最も有名なのです。"神聖ローマ帝国の小さな宝石箱"と言われるバイエルン州第2の都市です。カイザーブルク（お城）やデューラーの家などがあり見どころたくさんですが、私はこの絵の近辺が気に入りました。中央広場にはひとがたくさん集ってクリスマスマーケットを楽しんでいました。手に手に赤ワインのホットワインをもって。飲みながらたくさんの出店をのぞきながら歩いていました。中央広場　高さ19mの噴水「美しの泉」があります。鉄格子にはめられている金の輪を願い事を唱えながら、3度回してそれを他人に言わなければその願いが叶うということなのでそうしてみました。どうでしょうか？楽しみです。
5月頃のドイツもいいですが、冬のドイツ、ニュルンベルクもよいです。寒い時には、またそれなりの良さが有ります…。

ドイツ 33

ドイツの風景

ドイツ 35

吊り看板

36

オーストリア

牧場のひまわり
ザルツブルクの小路
庭先の花車
バラ

牧場のひまわり

ドイツのノイシュバンシュタイン城から約2時間ほど歩いて
オーストリアのシュレッセンという街の近くの、この牧場に到着。
ウォーキングのあとの、このカフェでのひとやすみがなんとも
いいのです。さわやか〜な空気に包まれて、遠くには
カウベルの音を聞きながら、ふーっ、と疲れを吹き飛ばし。
カフェの木の棚のところに、このひまわりが咲いていました。
緑と山とをバックにきれいな黄色が目に入り、つい、
カメラに…。何気な〜い'自然'が すごく気に入りました。

オーストリア

ザルツブルクの小路

ゲトライトガッセ（ザルツブルクのメインストリート）にモーツァルトの生家があります。市内観光の時、必ず訪れる場所です。その建物の横の通りを入ったところに小さなカフェがあります。その場所が好きです。ちょこっとカフェタイムをしたり…。その道を抜けると青物市場があり、カラフルなフルーツ達がズラリと並んでいます。いちごやりんごやオレンジ、さくらんぼ、トマトやピーマンや…季節によって異なりますが、いつでもおいしそうな果物、野菜が、どっさりと並んでいます。あとはソーセージのお店も並びます。地元の人たちが買物の途中でそこで立ってそのおいしそうなソーセージを食べています。太い白ソーセージをボイルしたのにケチャップ又はマスタードを塗って、固いパンと一緒に食べます。口いっぱいほうばって…こういう所で食べるのが一番おいしいです。観光名所をめぐったあとのこういうちょっとした小路やマーケットでのひとときもすごく楽しいのです。

オーストリア

庭先の花車

ツエル・アム・ゼーというオーストリーの町の中で見つけた花車です。道を歩いて、ふと見ると庭先の花車がとてもきれいでした。それでちょっとシャッターを切りまして。いろいろな花が盛り合わさされて、さりげなくオシャレでドイツ、オーストリー、スイス、どこを歩いていても花の飾り方がとても素敵です。窓辺の花や、庭先や、ベランダや、どこもかしこも 花、花、花、、きれいな花でいっぱいです。ツエル・アム・ゼーの町にはツエル湖という美しい湖があります。この町で昼食をとったあと 2時間くらいバスで走って東アルプス最大のパステルツェ大氷河を眺めるフランツ・ヨーゼフ・ヘーエ展望台に行きました。ツエル・アム・ゼーの町では暑かったのに 2時間後には寒い寒い山の上、でした。でも3000m級の山々と氷河の絶景が見られるのです。寒いことくらい何のそのです。

オーストリア 43

バラ

イタリア

トスカーナの夕焼け
ポルトフィーノ
コルチナ　ダンペッツィオ
ドロミテの山
コルチナ周辺
あじさい
ルガノのホテルにて
ベニスにて

トスカーナの夕焼け

ポルトフィーノ

ホテルのテラスから眺めた海辺の景色です。
夕方の海の波打ちぎわを描いてみましたが、なかなか
うまくは いきません。せめて、波のように な〜れ！と
祈りながら 描いた絵です。

イタリア 47

コルチナ ダンペッツィオ

冬はスキー、夏は山歩きに登山にたくさんの人たちが訪れるイタリアのリゾート地。メインストリートにはヴルガリのお店やベネトンやいくつかのブランドショップや レストラン、ホテルが並んでいたり…。デパートも小さいけれど ひとつ。
一日フリータイムがある時は、まず町の中心から10分程歩いたオリンピックスタジアム(スケート)の近くにあるゴンドラ乗り場に行きます。トファナ山に登って 3244mの山頂からまわりの山々を眺めます。それからその次にもうひとつの山、フローリ山へのゴンドラに乗って、さらにそこからジープに乗ってトンディ山の頂上に。青い空を背景に360度ぐるりと美しい山々の姿が眺められます。山のレストランで パスタを食べて、そのあとテラスでカフェタイムをして、思う存分、山の景色を満喫です。きれいな空気を胸いっぱい吸い込んでの山歩きの気持良さ。これは味わってみないとわからないでしょう。
もっと時間がある時にはトレ・チメ・ディ・ラバレードへハイキングに行くのも面白いです。コルチナを拠点にあちこち歩いてみたいです。もっと たくさん。6月の末から 8月頃がいちばん良い時期では…と思います。

イタリア

ドロミテの山

コルテナ周辺

イタリア 51

あじさい（ペスカトーリ島）

イタリアの湖水地方には ガルダ湖、マッジョーレ湖、コモ湖などきれいな湖があり、夏になるとリゾート地としてたくさんの人々が訪れます。一番大きいのはガルダ湖。ソフィア・ローレンやベルサーチの別荘が湖畔にある人の形をした湖のコモ湖。そしてベッラ島、マードレ島、ペスカトーリ島などの島が浮かぶ湖マッジョーレ湖。3つの島のうち一番小さなのがこのペスカトーリ島。漁師の島という意味の島。30分もあったらゆっくり島全部を歩いて廻ることが出来るほどです。島のメインストリートは細い路地のようなところ。そこを両側にお店がズラリと並んでいます。小さなおみやげ屋さんが…。古～い石造りの家も並んでいて、全て絵のようです。この絵は島にある教会の入口近くに咲いているあじさいの花を描きました。きれいなあじさいが、あちこちに咲いていました。船着き場の反対側の湖畔にはベンチが置いてあり、じっとすわって湖を眺めている人も見かけました。暑い陽ざしを大きな木がずっとさえぎってくれていました。40度近くあっても木陰に入れば涼しいのです。湖面にはいくつもの白いボートも浮かんでいたり…。バカンスをイタリアの湖水地方の湖畔で過ごすのはどうでしょうか？ ゆったりと、ゆったりと…。

イタリア 53

ルガノのホテルにて

スプレンディド・ロイヤルというルガノ湖に面したホテルに3泊しました。ここから国境を越えてコモ湖やマッジョーレ湖に行きました。ルガノはスイスといっても話されている言葉はイタリア語。まるでイタリアです。街の中心の通りにはブランドの店や高級そうな店構えのお店がたくさん並んでいます。すぐ近くにサン・サルバトーレ山があり、そこからの展望は見事です。フニクラに乗って10分ちょっとで山頂へ。19スイスフランでした。(1フランは約70円くらい)
このホテルのエントランスはいつも高級な車が止めてあります。よく雑誌で見るような、ちょっと日本ではお目にかかれないような車が…。そしてその車から降りてくる宿泊客の雰囲気といったら…。とても素敵なのです。麻の白っぽいスーツをラフに着こなした紳士と、これまた麻のワンピースに素足でヒールを履いて、白い大きな帽子を手でおさえながらよく映画に出てくるようなカップルでした。
そこのロビーを行きかう人たち、みんなサマーバカンスをゆっくり楽しむといったラフなスタイルで…。そんな人達を眺めているだけでも私にはとても楽しいことでした。
ルガノの街の中を歩いてもさすがスイスの高級リゾート地なのだ…と思わず納得でした。
ルガノ湖畔は長いプロムナードが続いて、散歩するのに絶好です。美しい湖を眺めながら……。

イタリア 55

ベニスにて

うしろ姿の女のひと。何かステキでしたので、ついシャッターを。

ギリシャ
ベルギー
オランダ
スイス

ギリシャの猫
ベギン会修道院の庭
愛の湖
陽のひかり（?）
マーストリヒトの夕暮れ
道端に咲く花たち

ギリシャの猫

エーゲ海クルーズで3つの島をめぐります。エギナ、ポロス、イドラ島。その時、エギナ島のメインストリートを入った横道の奥に古びた家があって、その前に猫がいて、こちらを見ていました。

ギリシャ 59

ベギン会修道院の庭

中世の頃、ひとりの修道女のもとに集まって質素で敬虔な生活を送っていたグループをベギン会といい、ここに住んでいたそうです。今ではベネディクト派の女子修道院として使われています。時おり修道女たちがこの庭を歩いているのを見かけます。
ここを訪れた時、庭にはたくさん、水仙の花が咲いていました。

愛の湖（ブルージュ）

ベルギー

陽のひかり（？）

……に見えるでしょうか？　どうしたら光が入ってくるように描けるのかしら…と考えていました。暗いところに明るい光が入ってくれば何となくそれらしく…と思い、光の周りを暗い色で塗ってみているうちに何だか洞窟に入ってくる光のようになりました。そのうち頭の中にはカプリ島の青の洞窟のイメージがひろがり、タイトルは青の洞窟にしようかしら…とも思いましたが……。

マーストリヒトの夕暮れ

この絵は、とても簡単に描けました。最初に夕焼けの色を濃く塗って少しずつ上にぼかして、それから空のブルーを右端から、まず濃く塗り少しずつ左にぼかしていきながら空になーれ、夕焼けになーれ…とつぶやきながら描きました。そのあと建物の黒を置いただけ。額に入れたら絵らしくなって あらステキ‼…でした。下手な絵でも額に入れるとそれらしくなるから不思議です。

道端に咲く花たち

ポントレジーナの町を歩いていた時、目にした花たちです。ベルニナ特急に乗り イタリアのティラノから 約2時間で この町に着きます。さらに もう少し 先に行くと サンモリッツがあります。
この町の近くにディアヴォレッツァ という 2984mの山があり、そこから 3000m、4000mの ピッツ パリュや ピッツベルニナなどの山々を眺めることが出来るのです。ゴンドラに乗っていくのですが 途中 ラゴ ビアンコ（ビアンコ湖）や 美しい山々を眺めながらのゴンドラも おもしろいです。
この町を拠点にして まわりの山々を訪れるのも楽しいです。勿論、町の中の散策も ステキ。駅近くからは ローゼックの谷へ 馬車で行くことも 出来ます。
特に好きなのは、ここのホテル "クローネンホフ"。とても優雅～な気持ちになれる 素敵なホテル（5ツ星）です。

スイス 65

C'est la vie (セ・ラ・ビ)

それが人生さ..とか そんなものさ..とか 言い方によって いろいろな 意味になるような、私の好きな言葉です。楽しい時の C'est la vie!!、悲しい時の C'est la vie..　フランス語を習ったことがあります。流れる様な、ことばの 美しさに魅せられて…。フランス人の友達が よく言って いました。何か困った時に。ちょっと肩を上げて両手のひらを 上に向けて。。なつかしいです。
"C'est la vie！"と 嬉しそうに言える"こと" たくさん あるといいな..。たまーに 落ち込む時もあります。そんな時に「C'est la vie（人生なんてこんなものさ）」… なんて つぶやいたりします。そうすると、そうさ、そんなもの なのヨ、仕方ないわ..って気分が 楽になることも…。便利な言葉です。私にとって。よく、人生は一度だけ だから…といいます。出来れば その一度を楽し～く 生きていきたいものです。人生ってステキ!!..なんて 言いながら…。辛抱とか忍耐とか、好きな言葉では ありません。我慢しながら 生きてゆく..なんて 考えません。でも 勿論、時には そういう事も 起こるでしょうが…。なるべく、自分のしたいように 生きていきたいです..と 言っても 全て そう 簡単には いかないですが…。でも そう思いながら いると 割と イヤな事って ない のです。不思議と。だから私は これからも 自分勝手に 自分の好きな 様に 生きて いきたいなぁ! って思っています。C'est la vie！？..と 言いながら…。

C'est la vie 67

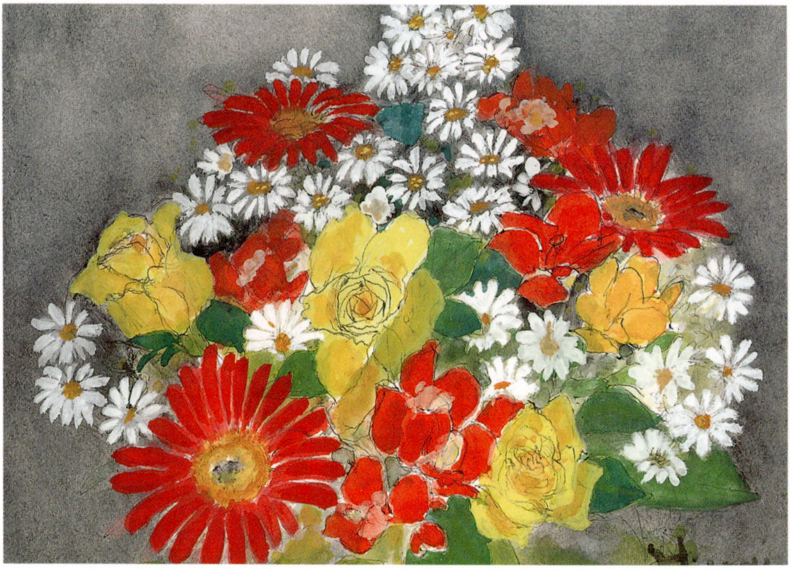

I can make it! (やるわ!!)

よーし．これから絵を描いていこう！…という意気込みを絵にしてみました。私はいつも developing person（発展途上人）でありたいと思っています。子供の頃"意志なるアケに道がある"とか Going my way（我が道を行く）という言葉が好きでした。勿論、今でも。あと "Qué será"（なんとかなるさ）という言葉も。♪ケ・セラセラ..成るよ〜になる.先のことなどわからない.ケセラセラ〜♪…というあの歌が好きです。成るように成る.川の流れにまかされて流れる水のように（？）好きなことをして生きていきたいです…。絵を描きながら…楽しい楽し〜いと言いながら…。

C'est la vie 69

Villa d'Este. COMO.
イタリア2001.8月

著者プロフィール
内田 ひとみ（うちだ　ひとみ）

現在、海外ツアーコンダクター17年と2ヵ月目。
ヨーロッパの風景に魅せられて3年前から
絵を描き始めました。自分の目で見たヨーロッパを
自分勝手に描いています。そして年に一度は、
個展を開いています。と言っても2000年、2001年と
未だ2度ですが…2002年が第3回目となります。

絵とエッセイでつづるヨーロッパの旅

2001年12月15日　初版第1刷発行

著　者　内田 ひとみ
発行者　瓜谷 綱延
発行所　株式会社 文芸社
　　　　〒112-0004　東京都文京区後楽2-23-12
　　　　　　　電話　03-3814-1177（代表）
　　　　　　　　　　03-3814-2455（営業）
　　　　　　　振替　00190-8-728265

印刷所　東銀座印刷出版株式会社

©Hitomi Uchida 2001 Printed in Japan
乱丁・落丁本はお取り替えいたします。
ISBN4-8355-2828-X C0026